अंतर्मन

मनोभाव की गूंज

Santosh Sharma

BookLeaf Publishing
India | USA | UK

Made with ❤ on the BookLeaf Publishing Platform
www.bookleafpub.in
www.bookleafpub.com

Dedication

यह काव्य रचना स्वयं से जुड़ने का माध्यम बने, इस उम्मीद से सभी श्रोतागणों को समर्पित है। आशा करता हूँ कि यह रचना सभी के मन में अपना स्थान बनायेगी।

Preface

जब मैंने पहली बार कागज़ पर कुछ शब्द उकेरे थे, तब मुझे इसका आभास नहीं था कि ये शब्द एक दिन एक पुस्तक का रूप ले लेंगे । 'एक शुरुआत' के रूप में यह काव्य-संग्रह मेरे उन एहसासों, कल्पनाओं और अनुभवों का निचोड़ है, जिन्हें मैंने पिछले कुछ समय में जिया है ।
मैं उन सभी का आभारी हूँ जिन्होंने मुझे लिखने के लिए प्रेरित किया और मेरी शुरुआती टूटी-फूटी पंक्तियों को धैर्य के साथ सुना । यह पुस्तक उन सभी के लिए है जो जीवन को बारीकियों से महसूस करते हैं ।

आशा है कि ये कविताएँ आपके हृदय के किसी कोने को छुएंगी और आप अपनी प्रतिक्रियाओं से मेरा मार्गदर्शन करेंगे ताकि यह लेखन यात्रा यूँ ही निरंतर आगे बढ़ती रहे ।

Acknowledgements

किसी भी रचनाकार की पहली पुस्तक केवल उसकी अपनी मेहनत नहीं, बल्कि उन तमाम लोगों के विश्वास का परिणाम होती है जो उसके साथ खड़े रहे। इस काव्य-संग्रह की पूर्णता पर मैं उन सभी के प्रति आभार व्यक्त करना चाहता हूँ जिन्होंने इस यात्रा में मेरा साथ दिया।

ईश्वर के प्रतिः सर्वप्रथम, मैं उस असीम शक्ति का आभारी हूँ जिसने मुझे विचारों की अभिव्यक्ति की क्षमता प्रदान की।

माता-पिता और परिवार: मेरे माता-पिता के प्रति मेरा आभार शब्दों में व्यक्त करना कठिन है। उनकी निरंतर प्रेरणा और अटूट विश्वास ही है कि मैं अपनी भावनाओं को इस पुस्तक के रूप में संजो सका।

मेरी अर्धांगिनी का साथः मेरी पत्नी के प्रति मेरा विशेष आभार, जो इस पूरी यात्रा में मेरी सबसे बड़ी ताकत रही हैं। उन्होंने मेरे सपनों को हकीकत में बदलने के लिए हर कदम पर मेरा साथ दिया।

मित्रों का सहयोगः मेरे उन मित्रों का विशेष धन्यवाद, जिन्होंने मेरी शुरुआती कविताओं को पढ़ा, उनमें सुधार के सुझाव दिए।

प्रेरणा के स्रोतः जीवन के वे सभी अनुभव और लोग, जो अनजाने में ही मेरी कविताओं के पात्र या विषय बन गए।

प्रकाशक और सहयोगीः मैं "बुकलीफ पब्लिशिंग" की पूरी टीम का

आभारी हूँ जिन्होंने एक नए कवि की रचनाओं पर भरोसा किया और इसे पाठकों तक पहुँचाने में तकनीकी व रचनात्मक सहयोग दिया।

अंत में, मैं उन सभी पाठकों का अग्रिम धन्यवाद करता हूँ जो इन कविताओं को अपना कीमती समय देंगे। आपकी सराहना ही मेरे लिए सबसे बड़ा पुरस्कार होगी।

1. पहेली

पहेली बसी, हर हथेली
रहती, सदैव अकेली

जीवन मरण के स्वांग का
रहता हर कोई अनजान सा
स्वार्थ ही जीवन है
मान बैठा हर इंसान है
सुलझ जाए यह भ्रांति
रूह ने कोशिश अनेक कर लीं

पहेली बसी, हर हथेली
रहती, सदैव अकेली

मैंने सांस भरी सुकून की
सुन पाया गूँज तितलियों के पंख की
फिर एक रात की शक्ल
सुबह में बदल चली

पहेली बसी, हर हथेली
रहती, सदैव अकेली

एक अंतिम प्रयास हो ऐसा
सुलझाते जवाबों की फुहार जैसा
जुड़े ऐसे हथेली से हथेली
हर पहेली लगे एक सहेली

पहेली बसी, हर हथेली
रहती, सदैव अकेली

2. उम्र

अनोखी होती, उम्र है
घटती बढ़ती, एक संग है

कभी एक पल को एक साल सा
कभी एक साल को एक पल सा
महसूस कराती है
आरंभ से अंत का
फासला तय कराती है

अनोखी होती, उम्र है
घटती बढ़ती, एक संग है

अगोचर से संकेत हैं
जैसे मोती सा रूप
अब झुर्रियों की सलवटें हैं
मासूम बचपन की किलकारियां
अब अनुभवी बुलंद आवाज़ है

अनोखी होती, उम्र है
घटती बढ़ती, एक संग है

बचपन की चाह ऐसी
कि बड़े हो जाएं
बुढ़ापे की आस इतनी
कि बचपन लौट आए
समय का चक्र हर पल
उम्र को दर्पण दिखाता है

अनोखी होती, उम्र है
घटती बढ़ती, एक संग है

क्षणभंगुर जीवन है
जीवित उम्र का ये सार है
जो इस ज्ञान से परिचित हुआ
अनोखी उम्र के बंधन से
मिला मुक्ति का द्वार है

अनोखी होती, उम्र है
घटती बढ़ती, एक संग है

3. नज़र

पहली नज़र जैसे
सर्द गुनगुनी धूप
टेर तुम्हारी जैसे
मधुर स्वरों का रूप

मन जैसे असीम सागर
मोह के गोते लगते निरंतर
ख्याल तुम्हारा देता है सहारा
मन में मन बसा है तुम्हारा

मुलाकात बनाए भोर सुनहरी
मुस्कुराहट की बयार चले धीमी-धीमी
सांझ की दूरी रहे ना मजबूरी
ख्वाब नज़र के करें हुज़ूरी

नज़र न लगे नज़र को तुम्हारी
उमंग जिया में प्रेम से भरी
चलें हर राह पे साथ-साथ
कहनी तुमसे बस इतनी सी बात

4. समर्पण

मंदिर मंदिर फिरता
प्रभु की पुकार में
हर भाव का सार इतना
प्रियजन सदेव रहें
प्रभु की कृपा और आशीर्वाद में

चिंतामुक्त करता अम्मा का तेज सदा
आश्रय पाते प्रत्यक्ष नर नारी जिनका
मन की सच्चाई से अवगत सदा है माँ
प्रेमपूर्ण शब्दों की प्रार्थना सुनती हैं माँ
भयमुक्त जीवन करती है सबका

महादेव की कृपा का स्पर्श ऐसा
महाकृपा में लिपटा रहता मन हर हर एक का
गूंजते हृदय के विचार
पहुचें भोले बाबा के द्वार
शिवकृपा कर देती है उद्धार

प्रेम भाव है श्रद्धा का स्वरूप
दर्शता मन का भाव, निष्फल अनुरूप

भाग्यवान बन पाया ऐसा
भक्ति रस के भँवरे जैसा

5. रोज़मर्रा की ज़िंदगी

रोज़मर्रा की ज़िंदगी
आम बात सी लगती

जहाँ चाय की चुस्कियाँ
बनती थकान की दवा
तो कभी मुस्कान की वजह
नये रिश्तों की पहचान
तो कभी गृहणियों का गुमान

सर्दी की गुनगुनी सी रजाई
कहे कि सो जा और एक पहर भाई
दफ़्तर की ज़िम्मेदारी का शोर
मन कहे कि थम जा, सब काम छोड़

कीमत है विकास की भारी
तन और मन दोनों हुए भिखारी
धन से भरी तिजोरी सारी
घटते अनुराग व वात्सल्य बने लाचारी

ले चैन की साँस ज़रा

मन को तू टटोल ज़रा
देख जीवन का रंग नया
वक्त अभी भी नहीं है गुज़रा

बात सीधी ये समझ आती
हर व्याकुलता सरल हो जाती
रोज़मर्रा की ज़िंदगी
अब, अहम बात सी लगती

6. साथी

कल से कल तक
जीना है सिर्फ आज में
आज की कोशिश बस इतनी
तुम्हारा साथ सदा रहे साथ में

साथ हमारा हर नाते से परे है
तुमसे जुड़ा हर पल नित्य है
मिलता ये सुख प्रतिदिन है
आभार प्रभु का अपार है

मूरत हो तुम मन भावन
तुम्हारी चंचलता करती मन प्रसन्न
छनी धूप सी छवि तुम्हारी
लगे मन को अति प्यारी

ब्रज रज में रज कर
कृपा अनुरोध किया, रज कर
प्रसन्न रहो तुम अनंत काल तक
पथ प्रदर्शित हो सफलता की मंज़िल तक

7. काजल और किस्से

तेरी छवि का झोंका
हवा बनके आता है
मंद-मंद मन मुस्काता है
समय का ये पल थम सा जाता है

बेफिक्रे से ख़याल कई
मजबूर करते कि चल अभी
देख न दिन का चैन
न नींद से भरे नैन

दस्तक पे नाम लिख अपना
और कह दे जिगर का हाल अपना
करने दे नज़रों का काम अपना
कि काजल न बह जाए, ध्यान रखना

किस्सों का सैलाब है उमड़ा
कि, घड़ी का काँटा भी
खुद को है थामे खड़ा
पुरानी यादों के ज़रिये

नई यादों का स्वेटर है बुना
जज़्बात का संसार झट से संघर्ष

8. माँ

बालपन की मनमानीयाँ
कहती लाख कहानियाँ
बिन बोले समझ लेती है
तू मेरी हर किलकारियाँ
जीवन चक्र सम्भव है तुमसे
माँ तेरा मान है ऊंचा सबसे।

मुझे रोता देख रोएँ तेरी आंखें
ममता में लपेटे हैं तेरी बाहें
मेरी मुस्कान की आशा तेरे मन में
भरती संसार की शक्ति तेरे तन में
तेरे हाथों का कमाल है अजूबा
माँ से बेहतर कोई नाम ना दूजा ।।

हिस्सा हो तुम हर खुशी का
अनचाही आँखों की नमी का
मस्ती भरी शैतानियों का
मन में उठी हर फिक्र का
माँ कहने मात्र से मिलता जो सुकून है
माँ से जुड़ा हर पल अनमोल है ।।

9. आत्म-खोज

तुम एक शक्ति का रूप
बनती छाँव, लाख हों मुश्किलों की धूप
तुम हो एक दहकती लौ
ओझल करती अपमानों के दाँव

जूझती अडिग जज़्बे से
लायक नहीं तू, ऐसी
नासमझी है ज़माने में
बाज़ुओं का ज़ोर नहीं है दिखाने में
सरलता बसी है जीत जताने में

मन के महल को समेटे हुए
चलती फ़र्ज़ हर पड़ाव के निभाते हुए
खुश रहने की कोशिश छोड़कर
बन चुकी हो खुशी का स्रोत हर पहर

जल्द आएगा दौर तुम्हारा
तेज चमकेगा हर दिशा दोबारा
प्रगतिशील जीवन की धारा
समय करता है ये इशारा

10. तू

कर्ता भी तू, सहता भी तू
पाता भी तू, खोता भी तू
भेद भी तू, अभेद भी तू
सुकून भी तू, तनाव भी तू

तू समाधान, हर प्रश्न का
तू सम्मान, कर मानव जन्म का
तू रोता, हर दुःख में
तू भूलता, प्रभु को हर चूक में

गलतियों का, घड़ा भी तू
नेकी का, पत्थर भी तू
एहसासों का, समंदर भी तू
समझदारी का, संचालक भी तू

तू प्रभु की शरण का प्रयास कर
तू तपस्या का आरंभ कर
तू सफल बन, मिथ्या को हरा कर
तू मानवता का कल्याण कर

मित्र भी तू, शत्रु भी तू
आत्मा भी तू, परमात्मा भी तू
मृत्यु भी तू, मोक्ष भी तू
अंत भी तू, आरम्भ भी तू

11. अकेला ही काफ़ी

सपने इतने कि रातें कम पड़ीं,
चाहतें इतनी कि उम्मीदें कम पड़ी।
शिकायतें इतनी कि संतोष कम पड़े,
द्वेष इतना कि प्रेम कम पड़े।

ख़याल इतने कि सवाल कम पड़े,
लक्ष्य इतने कि मेहनत कम पड़े।
ममता इतनी कि संतान कम पड़े,
मतभेद इतने कि युद्ध कम पड़े।

मौन इतना कि संवाद कम पड़े,
कर्तव्य इतने कि उम्र कम पड़े।
जिम्मेदारी इतनी कि आज़ादी कम पड़े,
संघर्ष इतने कि सफलता कम पड़े।

लगेगा कि अकेला है तू काफ़ी,
मत भूल, तू है अकेला ही काफ़ी।
असमंजस में है श्वास रहती,
परिश्रम और अनुशासन ही है इसकी कुंजी।

अपने यक़ीन पर यक़ीन रख,
सफलता का सफ़र चलेगा दूर तक।
चाहे विचारों से तू जाए थक,
गर्व से उठेगा तेरा मस्तक।

12. खुद की परिभाषा

सुन री, घूमती घड़ी की सुई
खिड़की मन की, जाम सी पड़ी
काहे न समझी, ऐ री घड़ी
तेरे मायाजाल में, दुनिया फँसी पड़ी

मौकों की ब्यार, चली बार-बार
सुस्ती के घोड़े पे, थे हम सवार
लगा, वक़्त से धीमी है रफ़्तार
आँख खुली तो, छूटा संसार

होश सँभाला और हुए तैयार
साझा कर लिया मित्रों से विचार
मन ने तान, ली आसमान भर
विकल्प बरस पड़े बरखा बन कर

जला दी मशालें, मेहनत की
झुठला दी ग़लतफ़हमी, ज़माने की
चमक देख, खुद के हुनर की
परिभाषा बदल ली, खुद ने खुद की

13. लिफ़ाफ़ा

लिफ़ाफ़ा, बड़े काम का
वस्तु औपचारिकता की, चाल का
आशीर्वाद का शगुन, क़ैद रखता
कहीं सरकारी फ़ाइल को, धक्का लगाता
तो कहीं दूर देश से, पैग़ाम लाता

लिफ़ाफ़ा, बड़े काम का
वस्तु औपचारिकता की, चाल का

चुप्पी साधे, घूमता-फिरता
इस हाथ से उस हाथ, सरकता रहता
सामने आते ही, चौंका देता
शुभ या अशुभ ख़बर की, शंका करता

लिफ़ाफ़ा, बड़े काम का
वस्तु औपचारिकता की, चाल का

रंगीन चमकीले, लिबास ओढ़े
जब पधारे, ख़ास अपने क़रीब से
यादों की स्याही से, भरा मेरे वास्ते

जी लिए बीते पल, पुराने यार के

लिफ़ाफ़ा, बड़े काम का
वस्तु औपचारिकता की, चाल का

कभी बनता इज़हार-ए-इश्क़ डाकिया
तो कभी, ख्वाहिशों का तकिया
कभी बोनस में मिला रुपैया
अंत में रद्दी बना, कमाई का ज़रिया

लिफ़ाफ़ा, बड़े काम का
वस्तु औपचारिकता की, चाल का

14. अर्धनारी

हर मनुष्य, पुरुष या स्त्री
मिट रहा ज़रूरतें करते हुए पूरी
आँकता हर चीज़, जैसे मजबूरी
हासिल कर लूँ, ख्वाहिशें अधूरी

उभयलिंगी, आत्म स्वरूप का सार है
सृष्टि के संचालन का मूल है
दृष्टिकोण जिसका अमूल्य ज्ञान है
परमानंद का ये प्रावधान है

अर्धनारी संतुलन का प्रतीक है
नर व नारी, पूरक ऊर्जा है
आधा-आधा मिलकर ही पूरा है
अन्यथा, जीवन तो अधूरा है

एक शक्ति तो दूसरा प्रकृति है
जो लैंगिक भेदभाव से परे है
समानता का उदाहरण है
पूरे ब्रह्मांड का यही आधार है

15. दो मछलियाँ

दृश्य था निर्मल छोटे तालाब का
हुआ मिलन दो मछलियों का
भंवर बना प्रेम लहरों का
दोनों में खिल उठा, इश्क़ कमल सा

लगाए निरंतर साथ में गोते
मछुआरे के कांटे से, बचाते-बचाते
दाना ले आते एक दूजे के वास्ते
रोज़ नापते स्नेह के नए रास्ते

यूं रात और दिन अपनी जगह बदलते
मालूम हुआ बदलाव है आना, आधुनिकता के चलते
मनसूबा जिसका बना शांत तालाब के किनारे
माहौल हो गया अशांत, मशीनों की आवाज़ से

गोते लगते अभी भी संग में
बिना शांति के अपनेपन में
पूरा हुआ बदलाव का काम
मुंह खुला तालाब का, मचा कोहराम

तेज़ धार में बहा मछलियों का प्यार
हाथ पकड़े जूझ रहीं बीच मंझधार
समझ नहीं आए ठिकाने के आसार
पहुंचीं कहीं तो जब धीमी हुई रफ़्तार

महसूस हुआ नमकीन, पानी का स्वाद
देख शक्ल साहिल की, रहा नहीं तालाब याद
कचरे की पॉलिथीन बनी नया सहारा
साथ मिला दोनों को, एक दूजे का दोबारा

पता बदल गया अब
तालाब समंदर हो गया अब
वो मछुआरा, सब्ज़ी वाला हो गया अब
मछलियों का जाने का इशारा हो गया जब

16. हृदय

हृदय चंचल इतना, कभी न जाना ठहरना
जन्म से मरण तक, बना साथी हर सुख दुःख का
बाल हृदय है कोरा, निश्चल भाव से भरा रहता
लालच, दो लड्डू और दो पल खेल का इतना
अनंत सिलसिला हो ये, हृदय चाहे बस इतना

जीवन के पड़ावों में, तहज़ीब हृदय बदलता
खुद का सच, खुद तक सीमित रखता
अपार अंतर है पुरुष व स्त्री, हृदय में
भाव हृदय का, आकृति देता चरित्र में

दो हृदय के मिलन पे, संगम का आभास होता
सच्चाई का हर खौफ, राहत में है बदल जाता
हृदय का हर स्वर, बिना डरे है निकल पाता
मिलनसार स्वभाव, मजबूती जीवन को देता

उतार-चढ़ाव सदा रहते इस संसार
हृदय जवानी में टूटे, बिखरे कई बार
करुणा सागर देता सब सुधार
जुड़ सर्वकार बनता, निर्मल ये घर-बार

कभी प्यार की डाइबिटीज़ में उफान है मारता
तो कभी कोलेस्ट्रॉल की जंग है लड़ता
जब भी स्वादिष्ट पकवान की गली है जाता
हृदय बेचारा मोम की तरह पिघल जाता

हृदय का भाव न जाना जिसने
समझदारी में देर करी उसने
लगेगा समय रेत का, फिसल गया हाथ से
सच्चे प्रयत्न की उम्मीद में, प्राण पखेरू होते हृदय से

17. ट्रेक की यादें

भटक रहा था, यारों की गलियों में
तय हुआ, निकलें कहीं वादियों में
हामी भरी सबने, ट्रेक में
रवानगी हुई पर, एक ही यार था साथ में

आशाएं थीं, मस्ती होगी राह में
आगे बढ़ते कदम बोले, रह जा तू औकात में
पहुँचे पहले पड़ाव पे, थके हुए मनोबल में
ठंड का पारा मिला गज़ब, दुबक के बैठे टेंट में

कैंपफायर की आंच में, काले आसमान के तले
अचंभा था, देख टूटते तारों के मेले
अगली सुबह, दूसरे पड़ाव पे चल पड़े
पगडंडी भी दब गई, हिम के तले

आखिरी पड़ाव है आया, ना कोई सोया ना खाया
देखनी थी भोर की किरण में शिखर की काया
कठिन थी चढ़ाई फिर भी यार ने साथ निभाया
दर्शन हुए अद्भुत सूर्य के, बहुत मज़ा आया

वादियों की खबर लिए लौटे अपने धाम को
याद रहेगी ये घड़ी, हर सुबह और शाम को
फिर भटकेंगे यारों की गलियों में
तय करेंगे मंज़िल एक और, प्रकृति की गोद में

18. नौकरी का नौकर

बेफिक्र नया जोश था, पहली नौकरी पाने पे
गर्व परचम लहरा गया, घरवालों की आँखों में
खुद ने लक्ष्य और घर ने उम्मीदें, जोड़ीं इस अवसर पे
सिलसिला शुरू हो गया, नौकरी की चाकरी में।

नपी-तुली सी ज़िंदगी, चला रही थी नौकरी
उधार और नकद का झूला, झुला रही थी नौकरी
शनिवार-इतवार की आरज़ू में, बीत रही हर घड़ी
गुमनाम हफ्ते के बाकी दिन, जैसे वक़्त की हथकड़ी।

तनख्वाह थी नौकरी की खुशी, मोह जुड़ा था बस यही
वैराग्य का भेस है ये, समय ने समझाया यही
उपलब्धियों की कतार होगी, सोचा करते थे यही
पारिवारिक प्रेम-त्याग में, हर उपलब्धि फीकी लगी।

देर लगी, एहसास हुआ, नौकरी का नौकर हूँ मैं
घर-संसार का अभिन्न हिस्सा हूँ मैं
बिना परिवार की छाँव में, नौकरी एक कठिन डगर
बिता रहे हैं साल, इन विचारों को समेटकर।

19. सवारी

हाथों के गोद की सवारी थी
ममता और सुरक्षा की पहचान थी
बाँहों के झूले में, वो पहली सवारी थी
माँ के आँचल में सिमटी, दुनिया हमारी थी

काबिलियत से बने, पर नई सवारी
निकल पड़े जीतने दुनिया सारी
सफ़र था लम्बा, लग रहा था भारी
शक्ल सवारी की, अर्धांगिनी ने निखारी

जीवन चक्र बढ़ा, खुद के हाथ बने सवारी
अस्तित्व का हुलिया बदला, निभाते हुए जिम्मेदारी
ख्वाहिशों ने दम तोड़ा, आ गई समझदारी
कुछ इस तरह हमने अपनी ज़िन्दगी संवारी

अंत समय लेकर आया चार कन्धों की सवारी
छूट गई जिम्मेदारी और दुनियादारी
ज्योत जगेगी उस कोख में, जो थी अँधियारी
मिली फिर से, हाथों के गोद की सवारी

20. आँगन

घर हिस्सा, जो कच्ची मिट्टी से जुड़ा,
खुशनसीब बचपन, उस आँगन में गुज़रा।
जोड़े रखता घर को, धरती से आसमां तक,
सर्द धूप, बारिश की बूँद, तारे और चाँद तक।

वो खेल का मैदान भी, त्योहारों का स्थान भी,
परिवार की बैठक भी, मीठे फलों का बाग भी।
तुलसी पूजन का, पापड़-बड़ियाँ सुखाने का इंतज़ाम भी,
बेज़ुबानों के खूँटे और परिंदों का आशियाँ भी।

सिमट गया, रिश्तों और घर का दायरा,
दो कमरे और बालकनी, बन गए नया घेरा।
चुनिंदा गमलों की हरियाली, बनी नया आँगन,
पिंजरे में कैद आज़ादी, है खामोश चुभन।

खुश हैं हम, आँगन के प्रतिरूप से,
दिलासा लेते, अपनी हर श्वास से।
विकल्प के अल्प, झलकते संसार से,
कर लिया समझौता, सिमटे हुए प्रवास से।

21. क़ाबिलियत

दौड़ से बच न पाया कोई, क़ाबिलियत की,
हो इंसानी चुनौती या, तकरार हो जंगल की।
ज़िंदा वही बचता है यहाँ, जिसमें फ़ितरत हो लड़ने की,
असल पहचान दिखती है, सामर्थ्य के प्रदर्शन की।

कोई जन्म से तो कोई कर्म से, बनता भागीदार है,
कोई जुनून में तो कोई इश्क़ में, क़ाबिलियत तपाता है।
नाम से पहचान तक की, दूरी तय कराती है,
नालायक को लायक की उपाधि दिलाती है।

न सिर्फ़ हृदय बल्कि ज़मीर की बुनियाद जमाती है,
क़ाबिलियत, आँखों और विचारों में चमक लाती है।
हर मुश्किल मंज़िल, मुकम्मल कराती है,
क़ाबिलियत, अंतर्मन से परिचय कराती है।

परखने की छलनी में, छनती आराम से,
भिड़ जाने की हिम्मत, दिलाती संयम से।
मंज़िल भी गले लगती है, बड़े शान से,
जब क़ाबिलियत का नाता जुड़ता है, तेरे स्वाभिमान से।

www.ingramcontent.com/pod-product-compliance
Lightning Source LLC
LaVergne TN
LVHW050824051026
849532LV00008B/3113
* 9 7 8 9 3 7 5 1 0 8 9 6 2 *